TABLE DES MATIÈ

Éveil de l'intérêt

Aidez les élèves à comprendre et à apprécier les thèmes du cours de développement du caractère en lisant des histoires qui traitent des mêmes thèmes.

Modèles à reproduire et organisateurs

Reproduisez les fiches et les organisateurs graphiques proposés pour présenter de l'information, revoir des concepts importants et fournir de nouvelles occasions d'apprentissage, et encouragez les élèves à s'en servir. Les organisateurs graphiques les aideront à se concentrer sur des idées importantes ou à faire des comparaisons directes.

Cartes de comportements

Utilisez les cartes fournies comme point de départ pour des discussions ou des jeux de rôles, ou pour faire un tri en fonction des différents comportements présentés. Vous voudrez peut-être agrandir les cartes en les photocopiant et vous en servir dans un tableau d'affichage sur les comportements souhaitables.

Jeux de rôles

Les jeux de rôles offrent aux élèves d'excellentes occasions de comprendre comment les autres se sentent dans différentes situations et de développer leur empathie. N'introduisez les jeux de rôles qu'une fois que les élèves de la classe se connaissent et sont à l'aise les uns avec les autres. Fixez des règles pour ces activités afin d'éviter les comportements inappropriés. Les éléments suivants permettront aux élèves de retirer le maximum des jeux de rôles :

- mise en scène du scénario proposé;
- discussion et analyse du scénario proposé;
- poursuite du jeu de rôles sur diverses variantes possibles;
- discussion sur les conclusions au sujet du scénario proposé.

Chalkboard Publishing © 2009

LA FIERTÉ ET L'ESTIME DE SOI

Fierté : le fait d'être content ou satisfait de ses réalisations, de ses réussites et de sa situation
Estime de soi : le fait d'avoir une opinion positive de soi-même

Activité 1 : L'élève de la semaine

Cette activité est non seulement un excellent moyen de développer la fierté et l'estime de soi chez les élèves, mais aussi une façon de les amener à mieux connaître leurs camarades de classe et de favoriser l'esprit de corps. Au début de l'année scolaire, demandez aux familles de choisir une semaine pendant laquelle leur enfant sera à l'honneur. En prévision de cette semaine, invitez-les à envoyer des photos spéciales de l'enfant, par exemple des photos de bébé, ainsi qu'un sac d'articles que l'élève voudrait montrer à ses camarades. Prévoyez un tableau où seront affichés des renseignements sur l'élève, ainsi que ses photos et ses travaux scolaires. Vous voudrez peut-être inclure aussi des petits mots rédigés par les autres élèves pour féliciter l'élève de la semaine ou lui exprimer leur appréciation.

Activité 2 : Célébration des réalisations

Les certificats fournis dans le présent guide d'enseignement vous permettront de souligner les réalisations et les qualités des enfants. Tenez un registre des certificats qui ont été décernés, et à qui, afin de surveiller certains comportements ou certaines réalisations chez certains élèves. Les certificats peuvent être remis aux élèves dès qu'ils les méritent, à moins que vous ne préfériez tenir des réunions périodiques pour les distribuer.

Activité 3 : Persévérance

Invitez les élèves à se fixer des objectifs personnels. Encouragez-les à persévérer et à atteindre ces objectifs par les moyens suivants :

- Affirmez aux élèves que vous avez confiance dans leur capacité d'atteindre leurs objectifs.
- Faites des commentaires honnêtes sur ce que les élèves font bien et sur ce qu'ils doivent améliorer.
- Si une tâche semble intimidante pour un élève, divisez-la en éléments plus faciles à gérer.
- Faites comprendre aux élèves qu'il est normal que les choses ne soient pas toujours faciles et qu'ils sont capables de surmonter les obstacles.
- Insistez sur l'importance de terminer ce qu'ils ont commencé.
- Parlez de vos propres expériences.
- Soulignez les réussites des élèves et invitez-les à expliquer comment ils se sentent après avoir atteint un objectif.

Activité 4 : Acquisition de bonnes habitudes de travail

Aidez les élèves à se sentir responsables de leur apprentissage. Encouragez-les à évaluer leurs habitudes de travail quotidiennes en vous servant de critères à leur portée et faciles à comprendre. La grille intitulée « Comment ça va? », fournie dans le présent guide, vous permettra de préciser ce qu'est un travail exemplaire et quelles sont les qualités d'un excellent élève.

L'OBJECTIF DE _____

Pour atteindre cet objectif, je dois :

_____

_____

Je veux atteindre cet objectif parce que :

_____

_____

Mon objectif, c'est de :

_____

_____

Termine la phrase inscrite sur le ballon.

Je suis fier ou fière...

L'ÉLÈVE DE LA SEMAINE

Élève de la semaine : _____

Cher parent/tuteur, tutrice,

Votre enfant a été choisi(e) comme *Élève de la semaine* pour la semaine du _____.

Je vous invite donc à déposer dans le sac de papier des articles que votre enfant aimerait apporter en classe pour les montrer à ses camarades. N'oubliez pas d'inclure des photos de son choix, que nous afficherons sur notre tableau de l'*Élève de la semaine*. Veuillez aussi nous fournir les renseignements ci-dessous pour que nous les ajoutions à notre tableau.

La participation et le soutien de votre famille sont très appréciés!

Mon livre préféré :

_____

Mon plat préféré :

_____

Ce que j'aime le mieux à l'école :

_____

QUESTIONNAIRE SUR LES HABITUDES DE TRAVAIL

On travaille mieux quand on a de bonnes habitudes de travail. Voici quelques exemples de bonnes habitudes de travail. En répondant à ce questionnaire, tu auras l'occasion de réfléchir à tes propres habitudes de travail.

	Toujours	Parfois	Jamais
Je fais mon travail soigneusement et je le termine à temps.			
J'organise bien mon temps.			
Je respecte les directives.			
Je garde mes affaires en ordre.			

Penses-tu que tu as de bonnes habitudes de travail? Explique ta réponse.

_____

_____

_____

_____

LA COMPASSION

- Le fait de montrer de la sympathie pour les autres et de s'efforcer de comprendre leurs besoins et leurs sentiments

Activité 1 : Tout le monde a des sentiments

En classe, dressez une liste de différents types de sentiments. Discutez de situations dans lesquelles chacun de ces sentiments peut se manifester. Demandez aux élèves de remplir les fiches traitant des sentiments et discutez-en tous ensemble.

Activité 2 : S'occuper des autres

Demandez aux élèves de définir la gentillesse. Tenez une séance de remue-méninges et, tous ensemble, dressez une liste de ce qu'on fait et de ce qu'on ne fait pas quand on est gentil et qu'on pense aux autres. Demandez des exemples précis de chaque comportement suggéré par les élèves.

Points de départ pour la discussion :

1. Savez-vous comment les nouveaux élèves se sentent quand ils arrivent dans votre classe? Que pourriez-vous faire pour eux?
2. Que pourriez-vous faire pour qu'une personne triste soit contente?

Activité 3 : Des gestes de gentillesse

Demandez aux élèves de donner des exemples de gentillesse. Inscrivez leurs réponses sur une feuille grand format. Invitez-les ensuite à décrire le genre de sentiments qu'éveille chacun des exemples cités. Essayez de leur faire comprendre qu'ils peuvent rendre les gens heureux, par exemple en leur faisant des compliments ou en se montrant gentils avec eux. Invitez les élèves à créer des cartes de compliments ou d'appréciation pour d'autres élèves de la classe, ou à fabriquer des coupons à distribuer comme geste de gentillesse.

Points de départ pour la discussion :

1. Comment se sent-on quand on est gentil? Et quand on est méchant?

Activité 4 : Quand on est en colère...

Demandez aux élèves de se rappeler un moment où ils ont été en colère. Invitez-les à expliquer ce qui s'était passé et comment ils ont réagi. Voici quelques exemples possibles :

- quelqu'un a été injuste envers moi;
- il y a quelqu'un à ma place;
- quelqu'un a brisé quelque chose;
- quelqu'un ne veut pas partager;
- quelqu'un m'a pris quelque chose;
- quelqu'un a été méchant avec moi ou m'a taquiné.

Activité 5 : L'intimidation

L'intimidation consiste à faire mal à quelqu'un, physiquement ou psychologiquement. Aidez les élèves à bien comprendre ce qu'est l'intimidation et à se rendre compte que ce comportement peut exister chez des gens de toutes sortes. C'est généralement un comportement qui se répète régulièrement. L'intimidation peut être par exemple :

Physique : frapper une personne, lui donner des coups de poing, la faire trébucher, la bousculer, lui voler ses affaires, l'enfermer ou l'empêcher d'entrer quelque part, etc.

Verbale : taquiner une personne, la dénigrer, se moquer d'elle, faire des remarques embarrassantes sur elle, etc.

Relationnelle : exclure une personne d'un groupe, répandre des rumeurs sur elle, ne pas faire attention à elle.

L'objectif est d'amener les élèves à comprendre comment on se sent quand on est victime d'intimidation, pour qu'ils développent de l'empathie et aident à mettre fin aux comportements de ce genre.

COMMENT TE SENTIRAIS-TU?

Décris quels seraient tes sentiments dans chacune des situations ci-dessous.

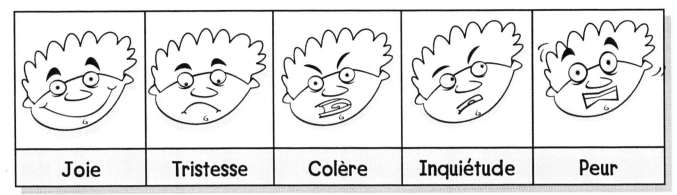

| Joie | Tristesse | Colère | Inquiétude | Peur |

Situation	Sentiment
Je vais rendre visite à mes cousins préférés.	
Mon poisson rouge est mort.	
Je change d'école.	
C'est mon anniversaire.	
J'ai fait un test.	
Quelqu'un a tenté de m'intimider à l'école.	
Mon ami(e) m'a raconté une blague amusante.	
J'ai dû essayer quelque chose pour la première fois.	
Une activité spéciale a été annulée.	

GESTES DE GENTILLESSE

Les gestes de gentillesse sont une façon de dire aux gens que tu tiens à eux. Colorie les bulles contenant des exemples de gestes de gentillesse.

écouter

partager mon goûter

taquiner quelqu'un

avoir de bonnes manières

mener tout le monde

collaborer avec les autres

inclure quelqu'un dans un groupe

aider quelqu'un

manquer de politesse

JE T'APPRÉCIE!
OUI, TOI!

Merci de...

_____

_____

_____

_____

_____

_____

_____

QU'EST-CE QUE L'INTIMIDATION?

L'intimidation, c'est quand quelqu'un est volontairement méchant avec une autre personne, par exemple :

- en l'insultant ou en la dénigrant;
- en la poussant ou en la frappant;
- en l'excluant ou en ne faisant pas attention à elle.

Nomme 3 choses que tu dois faire si tu es victime d'intimidation.

1. _____

2. _____

3. _____

Nomme 2 choses que tu peux faire si tu vois que quelqu'un est victime d'intimidation.

1. _____

2. _____

Chalkboard Publishing © 2009

RAPPORT D'INCIDENT

Qu'est-ce qui s'est passé?

_____

_____

_____

Est-ce que cela t'est déjà arrivé avant?   ☐ Oui   ☐ Non

Qu'est-ce que tu as fait?

_____

_____

_____

Si cela se reproduit, tu dois :

- dire à l'autre personne d'arrêter;
- te rendre dans un endroit sûr;
- en parler à une enseignante ou un enseignant.

Autres remarques

_____

_____

UNE LETTRE DE CONSEILS

Choisis :
- Écris une lettre de conseils à une personne qui est victime d'intimidation.
- Écris une lettre de conseils à une personne qui cherche à intimider les autres.

Cher/Chère _____

_____

_____

_____

_____

_____

_____

_____

_____

_____

Ton ami(e),

_____

LA COURTOISIE

• Le fait d'avoir un comportement poli et gentil envers les autres

Activité 1 : La courtoisie

Demandez aux élèves s'ils savent ce que signifient les mots « courtoisie » et « politesse ». En classe, faites un remue-méninges pour dresser une liste de ce qui est courtois et de ce qui ne l'est pas. Créez un registre à partir de cette liste.

Points de départ pour la discussion :

1. Pourquoi est-il important d'être poli avec les autres?
2. Comment vous sentez-vous quand quelqu'un est poli avec vous?
3. Comment vous sentez-vous quand vous êtes polis?
4. Comment les autres se sentent-ils, à votre avis, quand vous êtes polis avec eux?
5. Comment pourriez-vous être polis avec les autres aujourd'hui? Donnez des exemples.

Activité 2 : Encourager le respect

Demandez aux élèves ce que cela signifie de traiter les autres avec respect. En classe, dressez une liste de choses à faire et à ne pas faire si on veut traiter les gens avec respect dans différentes situations, par exemple quand quelqu'un est invité dans la classe. Affichez la liste sur le mur comme rappel pour les élèves. Voici quelques exemples de choses à faire et à ne pas faire : se montrer courtois et poli, écouter les autres sans les interrompre, traiter les autres comme on voudrait être traité, ne pas dénigrer les gens ou être méchant avec eux, et ne pas juger les gens avant de bien les connaître.

Activité 3 : Nous sommes tous pareils

Invitez les élèves à réfléchir au fait que nous sommes tous pareils et, en même temps, tous différents. Menez des sondages sur divers sujets, et créez tous ensemble des graphiques pour montrer quelles peuvent être les similitudes et les différences entre les gens. Voici quelques sujets de sondages : le mois de leur anniversaire, leur couleur préférée, le nombre de personnes dans leur famille, et leurs plats préférés. Soulignez aussi les différences entre les élèves.

Points de départ pour la discussion :

1. Qu'est-ce que les élèves ont remarqué?
2. Qu'est-ce qui les a étonnés?

Activité 4 : L'amitié

Demandez aux élèves de définir l'amitié et de dire si, à leur avis, il faut être soi-même un bon ami, ou une bonne amie, pour avoir de bons amis. Créez tous ensemble une « recette » des comportements à adopter pour être un bon ami, ou une bonne amie. Discutez de ces comportements et demandez aux élèves de nommer des camarades qui ont ces comportements, par exemple qui partagent, qui aident les autres, qui ont l'esprit sportif, ou qui sont gentils, justes ou amusants.

Points de départ pour la discussion :

1. Je pense que ce que je fais de mieux comme ami ou amie, c'est…
2. Je pense que, comme ami ou amie, je dois m'efforcer d'améliorer…

LE LIVRE DE

_____

SUR LA COURTOISIE

La courtoisie, c'est d'attendre son tour pour parler parce que…

_____

_____

_____

La courtoisie, c'est de se servir d'un mouchoir parce que…

_____

_____

_____

La courtoisie, c'est de ne pas interrompre quelqu'un qui est occupé parce que…

_____

_____

La courtoisie, c'est de dire « Merci » parce que…

_____

_____

_____

La courtoisie, c'est d'avoir de bonnes manières à table parce que…

_____

_____

_____

QUESTIONNAIRE SUR LA COURTOISIE

Les gens s'entendent mieux quand ils sont courtois les uns avec les autres. Voici quelques exemples de gestes courtois. En répondant à ce questionnaire, tu auras l'occasion de réfléchir à ta propre courtoisie envers les autres.

	Toujours	Parfois	Jamais
J'attends mon tour pour parler.			
Je me sers d'un mouchoir quand j'éternue.			
Je n'interromps pas les autres.			
Je parle poliment.			
J'ai de bonnes manières à table.			

Te considères-tu comme une personne courtoise? Explique ta réponse.

_____

_____

_____

_____

LE LIVRE DE

_____

SUR L'AMITIÉ

Qu'est-ce qu'un ami ou une amie?

_____

_____

_____

Qui est ton meilleur ami?
Ou ta meilleure amie?

_____

Pourquoi?

_____

_____

Quelles sont les qualités qui font de toi un bon ami, ou une bonne amie?

_____

_____

_____

Dresse une liste de 5 choses que tu aimerais faire avec ton ami(e).

_____

_____

_____

Quelles sont les ressemblances entre ton ami(e) et toi?

_____

Quelles sont les différences entre ton ami(e) et toi?

_____

Compose un acrostiche sur l'amitié.

A
_____

M
_____

I
_____

T
_____

I
_____

É
_____

T-SHIRT SUR L'AMITIÉ

Dessine un t-shirt qui donne des conseils sur la façon d'être un bon ami, ou une bonne amie.

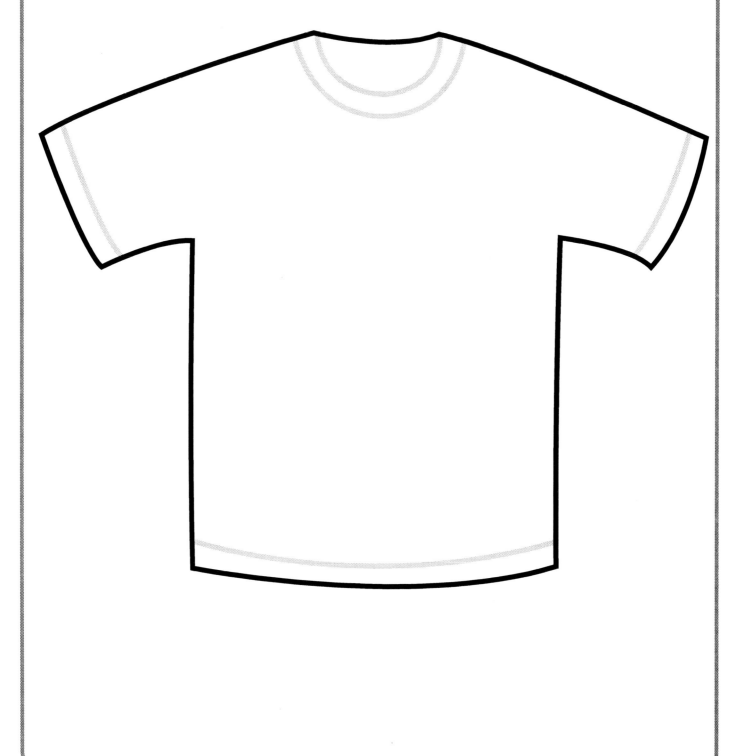

QUESTIONNAIRE SUR L'AMITIÉ

Les gestes d'amitié sont très importants. Voici quelques exemples de ce que tu peux faire pour montrer que tu es un bon ami, ou une bonne amie. En répondant à ce questionnaire, tu auras l'occasion de réfléchir à tes gestes d'amitié.

	Toujours	Parfois	Jamais
Je partage avec mes amis.			
J'attends mon tour.			
J'aide mes amis.			
Je m'amuse avec mes amis.			
Je sais écouter les autres.			

Te considères-tu comme un bon ami, ou une bonne amie? Explique ta réponse.

_____

_____

_____

_____

24

LA RESPONSABILITÉ

• Le fait de s'acquitter de ses obligations et de ses tâches soigneusement et jusqu'au bout; le fait qu'on puisse compter sur quelqu'un et lui faire confiance.

Activité 1 : Les membres de la famille travaillent ensemble

En groupe, demandez aux élèves s'ils trouvent que la famille est importante et invitez-les à illustrer leurs réponses par des exemples. Invitez-les ensuite à réfléchir à la contribution particulière de chacun des membres de la famille. Inscrivez les réponses des élèves sur une feuille grand format, et indiquez par un crochet ou un trait les réponses qui se répètent. Encouragez les élèves à réfléchir à leur propre rôle dans leur famille. Quelle est leur contribution? Comment aident-ils la famille? Donnez aux élèves un tableau à apporter chez eux pour qu'ils y notent comment les membres de leur famille travaillent ensemble.

Activité 2 : Les règles et les responsabilités à la maison

En groupe, faites un remue-méninges pour énumérer les règles imposées aux élèves à la maison. Inscrivez ces règles sur une feuille grand format et demandez aux élèves si chacune de ces règles est appliquée chez eux. Voici quelques exemples de règles : se coucher à une heure donnée, ne pas se servir de la cuisinière sans être accompagné d'un adulte, être poli, ramasser ses jouets, etc.

Points de départ pour la discussion :
1. Quelles sont les règles visant à assurer votre sécurité à la maison?
2. Quelles sont les règles visant à vous garder en santé?
3. Quelles sont les règles qui aident les membres de la famille à bien s'entendre?
4. Qu'est-ce qui se passerait, à votre avis, s'il n'y avait pas de règles à la maison?
5. Quelles règles aimeriez-vous changer? Pourquoi?

Activité 3 : Les règles et les responsabilités à l'école

À l'aide de bandes de papier, invitez les élèves à établir ensemble une liste des règles pour la classe et pour l'école. Voici quelques exemples : ne pas courir dans les couloirs, garder ses mains pour soi, être poli, demander la permission d'aller aux toilettes, etc.

Points de départ pour la discussion :
1. Quelle est la règle la plus importante, à votre avis?
2. D'après vous, qui devrait établir les règles dans la classe et dans le reste de l'école? Expliquez vos réponses.
3. Quelles sont les règles visant à assurer votre sécurité?
4. Quelles sont les règles visant à vous aider à apprendre?
5. Quelles sont vos responsabilités à l'école?
6. Quelles sont les responsabilités des gens qui travaillent à l'école?
7. Les règles sont-elles différentes à l'école et à l'extérieur de l'école?

Activité 4 : Les règles dans les lieux publics

Faites le même exercice que ci-dessus, en parlant plutôt des lieux publics.

LES RÈGLES SONT IMPORTANTES

Une règle appliquée à _____

_____

Cette règle est importante parce que

_____

_____

Le livre de

_____

sur la responsabilité

Qu'est-ce que la responsabilité?

_____

_____

_____

Comment peux-tu montrer que tu es responsable à la maison?

_____

_____

_____

Comment peux-tu montrer que tu es responsable à l'école?

_____

_____

_____

Comment peux-tu montrer que tu es responsable dans ta communauté?

_____

_____

Pourquoi est-il important de se comporter de façon responsable?

_____

_____

_____

Penses-tu qu'il est important d'assumer la responsabilité de ses actes? Pourquoi?

_____

_____

_____

Quels avantages y a-t-il à être une personne responsable?

_____

_____

_____

QUESTIONNAIRE SUR LA RESPONSABILITÉ

Quand les gens sont responsables, on sait qu'on peut leur faire confiance. Voici quelques manières de se montrer responsable. En répondant à ce questionnaire, tu auras l'occasion de voir à quel point tu es responsable.

	Toujours	Parfois	Jamais
J'assume la responsabilité de mes actes.			
Quand j'accepte de faire quelque chose, je le fais.			
Je montre que je suis responsable en exécutant mes tâches.			
Je montre que je suis responsable en respectant les règles.			
Je montre que je suis responsable en faisant mes travaux à l'école.			

Te considères-tu comme une personne responsable? Explique ta réponse.

_____

_____

_____

L'ÉQUITÉ

• Le fait d'être honnête et juste.

Activité 1 : Qu'est-ce que l'équité?

Points de départ pour la discussion :

1. Qu'est-ce que ça veut dire, traiter les gens avec équité?
2. Avez-vous déjà dit « Ce n'est pas juste »? Comment savez-vous si une chose est injuste?
3. Avez-vous déjà joué à un jeu avec quelqu'un qui trichait? Comment vous sentiez-vous?
4. L'équité, est-ce que ça consiste à appliquer les mêmes règles pour tous, même si ça signifie qu'on va perdre?

Activité 2 : L'honnêteté est toujours la meilleure option

Demandez aux élèves ce qu'ils pensent de la phrase « L'honnêteté est toujours la meilleure option ». Sont-ils d'accord? Demandez-leur d'expliquer leurs réponses.

Points de départ pour la discussion :

1. Pourriez-vous faire confiance à quelqu'un qui ment? Qui triche? Qui vole? Pourquoi?
2. Vous est-il déjà arrivé de dire la vérité même si c'était difficile? Expliquez.

Activité 3 : Les bonnes décisions

Encouragez les élèves à prendre l'habitude de réfléchir à ce qui est bien et à ce qui ne l'est pas avant de choisir le comportement à adopter dans différentes situations. Faites des jeux de rôles à partir des différents scénarios proposés sur les cartes de comportements qui figurent dans le manuel. Comparez les situations et discutez de ce qui s'est passé pour chaque scénario quand les enfants ont choisi « la bonne chose à faire » et quand ils ont choisi « la mauvaise chose à faire ». Comment les enfants se sentaient-ils après chacune de ces décisions? Quelles ont été les conséquences?

Points de départ pour la discussion :

1. À quoi devriez-vous réfléchir avant de décider si c'est bien ou si c'est mal de faire quelque chose?
2. Qu'est-ce qui se passerait si personne ne se préoccupait de faire « la bonne chose à faire »?
3. Êtes-vous d'accord avec les gens qui disent « Tant pis pour ceux qui ont perdu des choses, moi, je les garde si je les trouve »? Expliquez vos réponses.

Activité 4 : Qu'est-ce que la résolution de conflits?

Présentez aux élèves la notion de résolution de conflits. Il s'agit d'un processus qui aide à résoudre les problèmes de façon positive. Chaque personne en cause est encouragée à assumer la responsabilité de ses actes. Pour les enfants plus jeunes, vous préférerez peut-être parler de « trouver une solution ». Voici quelques étapes à suivre dans la résolution de conflits :

• C'est quoi, le problème?
• Écouter sans interruption.
• Discuter de la question.
• Proposer différentes solutions.

Discutez de ce processus avec les élèves. Organisez des jeux de rôles pour permettre aux élèves d'appliquer les différentes étapes du processus dans différentes situations. Encouragez les élèves à essayer de comprendre le point de vue de l'autre. Vous voudrez peut-être vous inspirer de situations vécues dans votre classe. Encouragez les élèves à proposer différentes solutions de manière à leur montrer que, si une situation ne fonctionne pas, il est toujours possible d'en trouver une autre. Affichez aussi les étapes à suivre au tableau pour que les élèves puissent s'y reporter facilement.

POINTS DE DÉPART POUR LES DISCUSSIONS

MISE EN SITUATION

Une de tes camarades a besoin d'un crayon et elle n'en a pas. Mais toi, tu as un crayon de trop.

Qu'est-ce que tu peux faire?

MISE EN SITUATION

Tu vois un élève qui est tombé dans la cour d'école et qui pleure.

Qu'est-ce que tu fais?

MISE EN SITUATION

Tu joues à un jeu avec tes camarades. Trouve une façon équitable de décider qui va commencer.

Explique ta réponse.

MISE EN SITUATION

Tu fais la queue à la cantine de l'école et tu vois de l'argent tomber de la poche de quelqu'un.

Quelle est la bonne chose à faire?

MISE EN SITUATION

Tu es vraiment en colère parce que quelqu'un a pris ton crayon préféré sur ton pupitre.

Qu'est-ce que tu fais?

MISE EN SITUATION

Tu vois un élève qui est victime d'intimidation dans la cour d'école.

Quelle est la bonne chose à faire?

33

POINTS DE DÉPART POUR LES DISCUSSIONS

MISE EN SITUATION

Il y a une nouvelle élève dans la classe.

Qu'est-ce que tu fais pour qu'elle se sente la bienvenue?

MISE EN SITUATION

Tu as vu un jouet que tu voudrais bien acheter, mais tu n'as pas assez d'argent.

Qu'est-ce que tu peux faire?

MISE EN SITUATION

Tu veux attirer l'attention de ta gardienne, mais elle est au téléphone.

Qu'est-ce que tu devrais faire?

MISE EN SITUATION

Ta mère veut que tu te prépares à te coucher, mais tu n'en as pas envie.

Qu'est-ce que tu devrais faire?

MISE EN SITUATION

Tu viens de renverser quelque chose dans la maison et tu as fait un gros dégât.

Qu'est-ce que tu devrais faire?

MISE EN SITUATION

Comment peux-tu montrer que tu organises bien ton temps à l'école?

Explique ta réponse.

LE LIVRE DE

_____

SUR L'ÉQUITÉ

Qu'est-ce que l'équité?

_____

_____

_____

Pourquoi penses-tu qu'il important de traiter les gens comme tu voudrais qu'ils te traitent?

_____

_____

_____

Pourquoi penses-tu qu'il est important de respecter les règles?

_____

_____

_____

Comment sais-tu que quelque chose est injuste?

_____

_____

_____

Qu'est-ce que tu peux faire si on te traite injustement?

_____

_____

_____

TROUVE UNE SOLUTION!

C'est quoi, le problème?

Écoute sans interrompre.

Discute de la question.

Propose différentes solutions.

QUESTIONNAIRE SUR L'ÉQUITÉ

Les gens s'entendent mieux quand ils se montrent justes les uns envers les autres. Voici quelques exemples d'équité. En répondant à ce questionnaire, tu auras l'occasion de voir si tu es juste avec les autres.

	Toujours	Parfois	Jamais
Je montre que je suis équitable en attendant mon tour.			
Je traite les autres comme je voudrais qu'ils me traitent.			
Je fais ma part dans les travaux de groupe.			
Je félicite les gens quand ils réussissent quelque chose.			
Je discute de mes désaccords avec les autres et je cherche une solution.			

Te considères-tu comme une personne juste? Explique ta réponse.

_____

_____

_____

41

LE CIVISME

• Le fait de respecter les lois et d'apporter sa contribution à son école, à sa communauté et à son pays.

Activité 1 : Qu'est-ce que le civisme?

En groupe, présentez aux élèves la notion de civisme. Insistez sur le fait qu'ils ont tous quelque chose à apporter à la classe, à l'école et à la communauté.

Faites un remue-méninges pour dresser une liste des choses que les enfants peuvent faire pour aider en classe, à la maison, à l'école et dans la communauté.

Points de départ pour la discussion :

1. Demandez aux élèves comment ils se sentent quand ils aident quelqu'un.
2. Demandez aux élèves comment ils se sentent quand quelqu'un les aide.
3. Invitez-les à nommer des gens qui travaillent comme bénévoles à l'école ou dans la communauté, et discutez des motivations de ces gens.
4. Comment le fait de respecter les règles montre-t-il qu'on est un bon citoyen, ou une bonne citoyenne?
5. Comment les travailleurs communautaires font-ils de la communauté un endroit meilleur?

Activité 2 : À chacun sa contribution

En groupe, dressez une liste de gens qui pourraient avoir besoin d'aide. Invitez les élèves à penser à des gens qu'ils connaissent ou aux enfants des pays pauvres, par exemple. Discutez aussi des organisations de charité dont les enfants ont entendu parler et des activités de collecte de fonds auxquelles ils ont participé à l'école ou avec leur famille.

Donnez aux élèves de votre classe l'occasion de démontrer leur civisme en participant à un projet à l'école ou dans la communauté, par exemple :

• planter un jardin à l'école;
• recueillir des jouets pour les enfants défavorisés;
• recueillir des vêtements pour un refuge;
• participer à une collecte de livres pour l'école ou pour un refuge;
• amasser des fournitures scolaires pour les enfants des pays pauvres;
• amasser des pièces d'un dollar pour une œuvre de charité;
• participer à une journée de ramassage des déchets;
• se rendre en groupe dans un foyer de personnes âgées pour y chanter des chansons ou jouer à des jeux avec les résidents.

Activité 3 : Collage de classe sur le civisme

Invitez les élèves à créer tous ensemble un collage sur le civisme en se servant de mots, d'illustrations et de photos découpés dans des journaux ou des magazines.

LE LIVRE DE

_____

SUR LE CIVISME

Qu'est-ce que le civisme?

_____

_____

_____

_____

Un bon citoyen, ou une bonne citoyenne, c'est une personne qui est responsable d'elle-même.

Donne **2** exemples.

_____

_____

Une bon citoyen, ou une bonne citoyenne, c'est une personne qui essaie d'améliorer le monde où elle vit.

Donne **2** exemples.

_____

_____

Un bon citoyen, ou une bonne citoyenne, c'est une personne qui prend soin de l'environnement. Comment peux-tu montrer que tu prends soin de l'environnement?

_____

_____

_____

Un bon citoyen, ou une bonne citoyenne, c'est une personne qui respecte les règles. Quelles règles respectes-tu pour montrer que tu es un bon citoyen, ou une bonne citoyenne?

_____

_____

_____

Chalkboard Publishing © 2009

Un bon citoyen, ou une bonne citoyenne, c'est une personne qui fait sa part pour sa communauté.

Donne **2** exemples.

_____

_____

Une bon citoyen, ou une bonne citoyenne, c'est une personne qui traite les autres avec respect. Comment peux-tu montrer du respect pour les autres?

_____

_____

_____

COLLAGE SUR LE CIVISME

Découpe des images sur les façons de montrer que tu es un bon citoyen ou une bonne citoyenne, et colle-les ici.

Décris ton collage.

_____

_____

_____

ÉCUSSON DU CIVISME

Dessine un écusson pour montrer aux gens comment être de bons citoyens.

48

QUESTIONNAIRE SUR LA COLLABORATION

Les gens s'entendent mieux quand ils collaborent les uns avec les autres. Voici quelques façons de collaborer avec les autres. En répondant à ce questionnaire, tu auras l'occasion de réfléchir à tes habitudes de collaboration.

	Toujours	Parfois	Jamais
Je partage avec les autres.			
J'attends mon tour.			
Je fais ma part dans les travaux de groupe.			
Je félicite les gens quand ils réussissent quelque chose.			
Je parle de mes désaccords avec les autres et je cherche une solution.			

Considères-tu que tu collabores bien avec les autres? Explique ta réponse.

_____

_____

_____

_____

QUESTIONNAIRE SUR LE CIVISME

Les gens s'entendent mieux quand tout le monde se comporte en bon citoyen. Voici quelques façons de montrer que tu es un bon citoyen, ou une bonne citoyenne. En répondant à ce questionnaire, tu auras l'occasion de réfléchir à ce que tu peux faire pour faire preuve de civisme.

	Toujours	Parfois	Jamais
J'essaie de faire du monde un endroit meilleur.			
Je prends soin de l'environnement.			
Je respecte les règles.			
Je fais ma part pour ma communauté.			
Je traite les autres avec respect.			

Te considères-tu comme un bon citoyen, ou une bonne citoyenne? Explique ta réponse.

_____

_____

_____

QUELQU'UN QUE J'ADMIRE

Dessine le portrait d'une personne que tu admires.

Explique pourquoi tu admires cette personne.

_____

_____

_____

_____

_____

_____

_____

RÉFLEXION SUR LES BONS COMPORTEMENTS

Mon journal porte sur :

_____

_____

_____

_____

_____

_____

_____

LE JOURNAL DE

_____

SUR LES BONS COMPORTEMENTS

Quelques idées pour ton journal :

- Décris comment tu as fait preuve de civisme.
- Décris comment tu as fait preuve de courtoisie.
- Explique ce que tu as fait pour atteindre un objectif spécial.
- Décris comment tu as montré que tu étais responsable.
- Décris comment tu as montré que tu étais un bon ami, ou une bonne amie.

MES BONS COMPORTEMENTS

Lundi

MES BONS COMPORTEMENTS

Mardi

MES BONS COMPORTEMENTS

Mercredi

MES BONS COMPORTEMENTS
Jeudi

MES BONS COMPORTEMENTS
Vendredi

MES BONS COMPORTEMENTS
Samedi

MES BONS COMPORTEMENTS
Dimanche

AFFICHE SUR LES BONS COMPORTEMENTS

Choisis un bon comportement et crée une affiche à ce sujet-là.

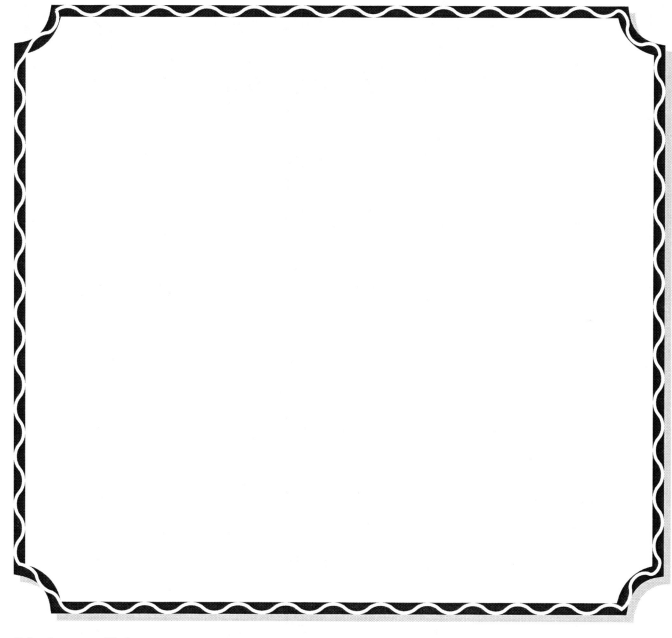

Décris ton affiche.

_____

_____

_____

R	E	T	C	E	P	S	E	R	E	T
E	C	H	O	N	N	E	T	E	T	E
S	O	T	L	G	B	E	D	M	R	I
P	M	R	L	E	V	O	I	S	E	E
O	P	I	A	N	O	E	L	I	E	C
N	O	Q	B	T	E	I	I	V	S	O
S	R	V	O	I	U	S	G	I	T	M
A	T	I	R	L	E	I	E	C	I	P
B	E	E	A	L	F	O	N	S	E	A
I	M	E	T	E	I	T	C	U	S	S
L	E	P	I	S	E	R	E	D	P	S
I	N	O	O	S	R	U	R	E	A	I
T	T	I	N	E	T	O	O	P	T	O
E	Q	U	I	T	E	C	E	L	E	N

responsabilité   comportement   respect

équité   fierté   courtoisie

collaboration   civisme   gentillesse

compassion   honnêteté   diligence

UN DIAGRAMME À BULLES SUR...

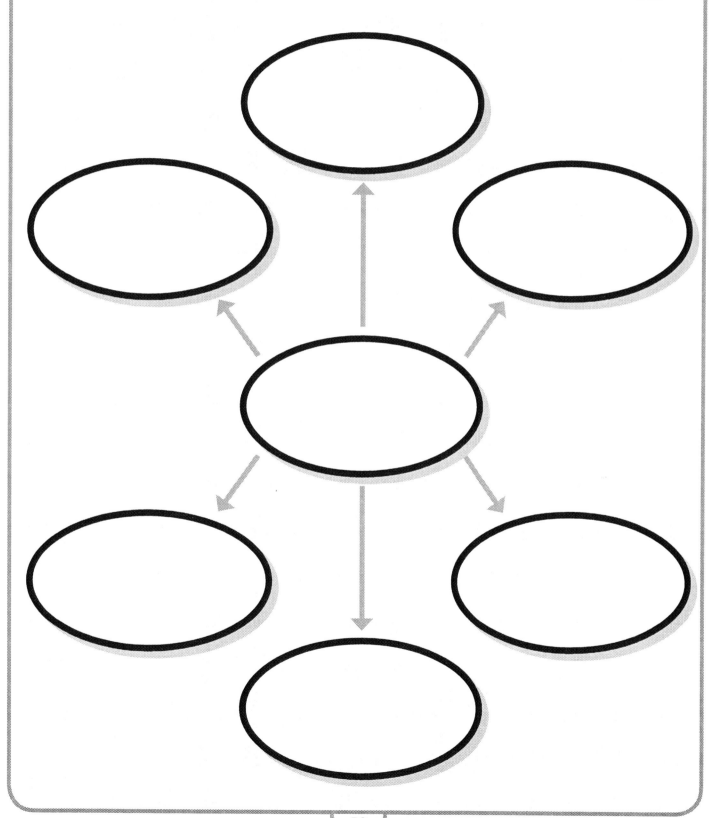

CRÉE UN TIMBRE-POSTE SUR UN BON COMPORTEMENT

Décris ton timbre.

_____

_____

Inscris un bon comportement au centre de la fleur. Donne des exemples de ce comportement dans les pétales.

COURTEPOINTE DE CLASSE
SUR LES BONS COMPORTEMENTS

1. Termine la phrase inscrite dans le carré ci-dessous, puis dessines-y ton autoportrait.
2. Perce des trous dans la bordure autour du carré intérieur.
3. Avec de la laine, tes camarades et toi allez lacer ensemble tous les carrés de papier pour former une courtepointe de classe sur les bons comportements.

Je me comporte bien quand...

_____

_____

CUBE DES BONS COMPORTEMENTS

Sers-toi de ce cube pour donner de l'information sur un bon comportement.

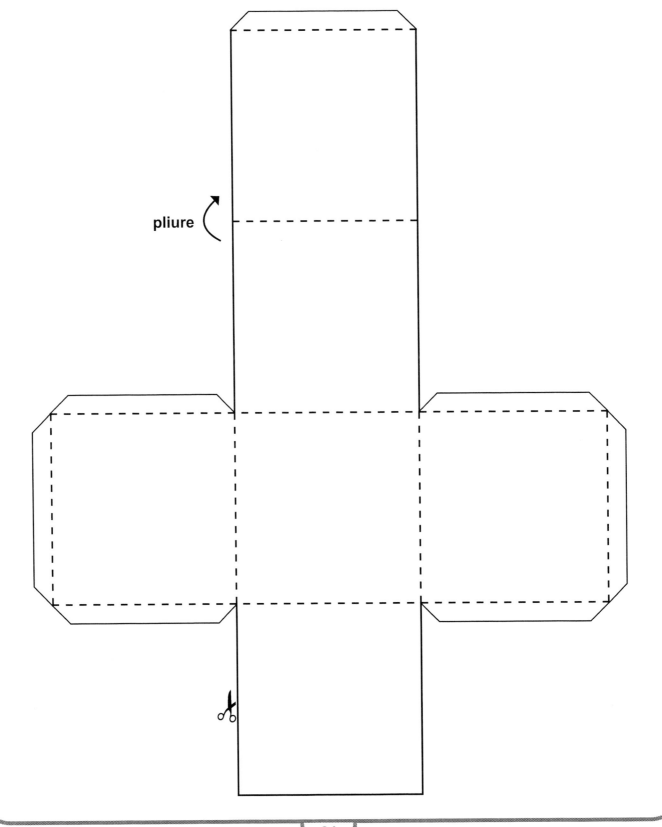

pliure

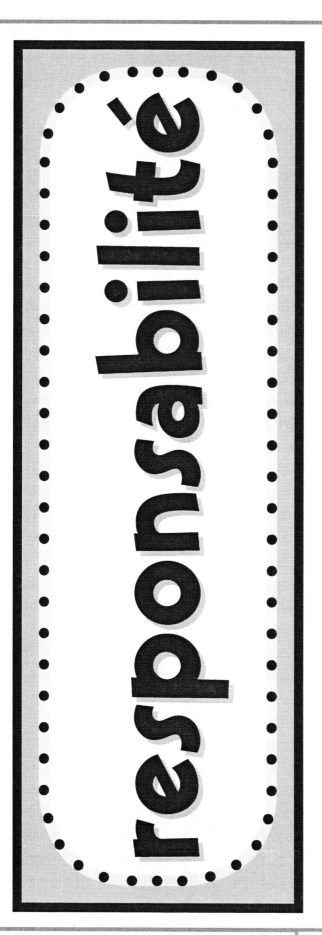

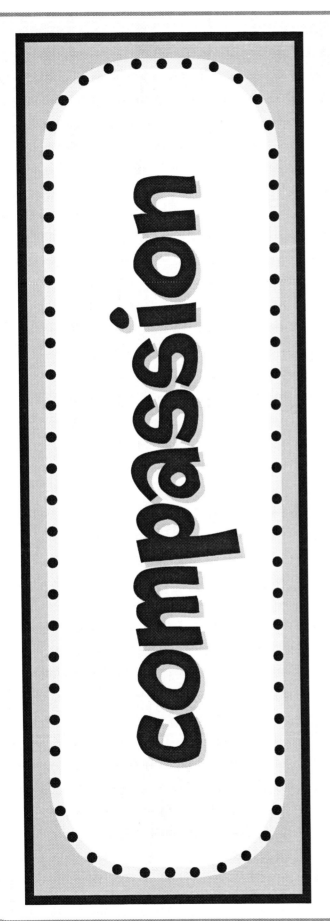

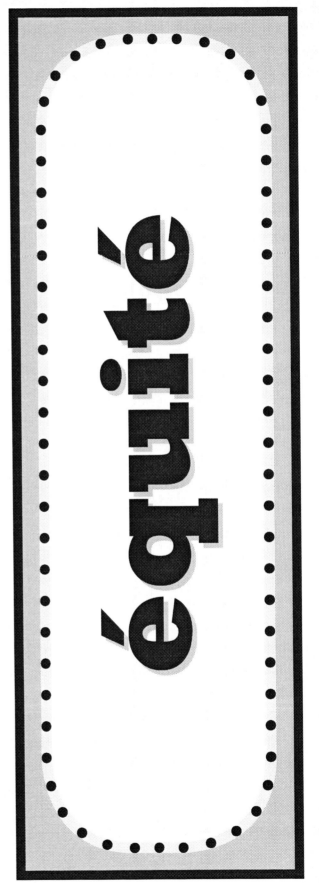

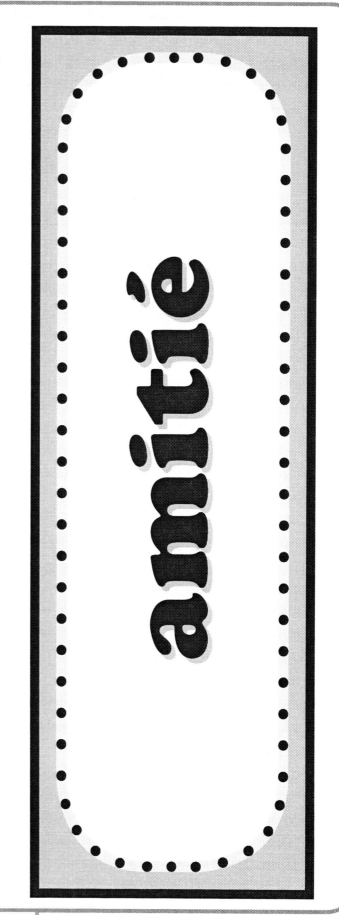

CARTES DE COMPORTEMENTS

CARTES DE COMPORTEMENTS

CARTES DE COMPORTEMENTS

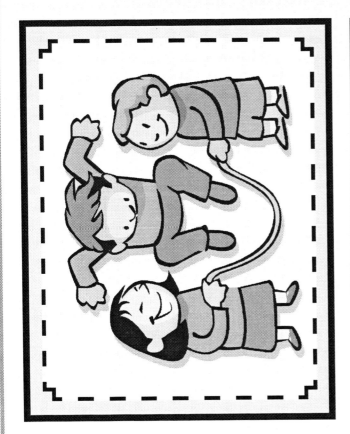

CARTES DE COMPORTEMENTS

PRIX DE LA RESPONSABILITÉ

Bravo! Continue!

PRIX DE L'AMITIÉ

Ce prix est attribué à :

PRIX DE LA COURTOISIE

BRAVO!
CONTINUE!

PRIX DES
BONNES
MANIÈRES

CE PRIX EST ATTRIBUÉ À :

_____

BRAVO!
Continue!

SUPER
ESPRIT SPORTIF!

Ce prix est attribué à :

_____

PRIX DU CIVISME

BRAVO!
CONTINUE!

Prix du service communautaire

Ce prix est attribué à :

SUPER!

Ce prix est attribué à :

_____

QUEL BON TRAVAIL! CONTINUE!

Ce prix est attribué à :

_____

78

GRILLE D'ÉVALUATION DE LA PARTICIPATION

NIVEAU	DESCRIPTION DE LA PARTICIPATION DE L'ÉLÈVE
Niveau 4	L'élève contribue toujours aux discussions et aux activités en classe en exprimant des idées et en posant des questions.
Niveau 3	L'élève contribue généralement aux discussions et aux activités en classe en exprimant des idées et en posant des questions.
Niveau 2	L'élève contribue parfois aux discussions et aux activités en classe en exprimant des idées et en posant des questions.
Niveau 1	L'élève contribue rarement aux discussions et aux activités en classe en exprimant des idées et en posant des questions.

GRILLE D'ÉVALUATION DE LA COMPRÉHENSION DES CONCEPTS

NIVEAU	DESCRIPTION DE LA COMPRÉHENSION DES CONCEPTS
Niveau 4	L'élève démontre une excellente compréhension de tous ou presque tous les concepts et donne toujours des explications complètes et appropriées sans l'aide de qui que ce soit. Elle ou il n'a pas besoin d'aide de l'enseignante ou l'enseignant.
Niveau 3	L'élève démontre une bonne compréhension de la plupart des concepts et donne généralement des explications complètes ou à peu près complètes. Elle ou il a rarement besoin d'aide de l'enseignante ou l'enseignant.
Niveau 2	L'élève démontre une compréhension satisfaisante de la plupart des concepts et donne parfois des explications appropriées, mais souvent incomplètes. Elle ou il a parfois besoin d'aide de l'enseignante ou l'enseignant.
Niveau 1	L'élève démontre une piètre compréhension des concepts et donne rarement des explications complètes. Elle ou il a besoin d'une aide intensive de l'enseignante ou l'enseignant.

GRILLE D'ÉVALUATION DES CAPACITÉS DE COMMUNICATION

NIVEAU	DESCRIPTION DES CAPACITÉS DE COMMUNICATION
Niveau 4	L'élève communique toujours avec clarté et précision, tant oralement que par écrit. Elle ou il emploie toujours une terminologie et un vocabulaire appropriés.
Niveau 3	L'élève communique généralement avec clarté et précision, tant oralement que par écrit. Elle ou il emploie la plupart du temps une terminologie et un vocabulaire appropriés.
Niveau 2	L'élève communique parfois avec clarté et précision, tant oralement que par écrit. Elle ou il emploie parfois une terminologie et un vocabulaire appropriés.
Niveau 1	L'élève communique rarement avec clarté et précision, tant oralement que par écrit. Elle ou il emploie rarement une terminologie et un vocabulaire appropriés.

COMMENT ÇA VA?

	JE FAIS MON TRAVAIL...	J'ORGANISE MON TEMPS...	JE SUIS LES DIRECTIVES...	J'ORGANISE MES AFFAIRES...
SUPER!	• Je fais toujours mon travail au complet et avec soin. • J'ajoute des détails supplémentaires.	• Je termine toujours mon travail à temps.	• Je suis toujours les consignes.	• Mes affaires sont toujours en ordre. • Je suis toujours prêt(e) et disposé(e) à apprendre.
CONTINUE!	• Je fais mon travail au complet et avec soin. • Je vérifie mon travail.	• Je termine généralement mon travail à temps.	• Je suis généralement les consignes sans qu'on me les rappelle.	• Je trouve généralement mes affaires. • Je suis généralement prêt(e) et disposé(e) à apprendre.
ATTENTION!	• Je fais mon travail au complet. • Je dois vérifier mon travail.	• Je termine parfois mon travail à temps.	• J'ai parfois besoin qu'on me rappelle les consignes.	• J'ai parfois besoin de temps pour trouver mes affaires. • Je suis parfois prêt(e) et disposé(e) à apprendre.
ARRÊTE!	• Je ne fais pas mon travail. • Je dois vérifier mon travail.	• Je termine rarement mon travail à temps.	• J'ai besoin qu'on me rappelle les consignes.	• Je dois mieux organiser mes affaires. • Je suis rarement prêt(e) et disposé(e) à apprendre.